DICTIONNAIRE OPTIMISTE

Rien n'est définitif sinon la mort et le dictionnaire.

BENJAMIN ISIDORE JUVENETON

DICTIONNAIRE OPTIMISTE

PRÉFACE ÉRIC WATIER
INTRODUCTION CHARLOTTE LE BON

OPTIMISTE.
Adj.

Qui, même à terre, continue de tomber.

CHÊNE

Échouer. Échouer encore. Échouer mieux.
Essayer encore.
Rater encore. Rater mieux.
Rater mieux encore. Encore plus mal encore.

Samuel Beckett

PRÉFACE

par Éric Watier

1. En août 2010 Benjamin Juveneton publie quelques posts sur son blog Adieu et à demain. Six ans plus tard, il en a envoyé plus de mille trois cents : des photos, des aphorismes, des dialogues, des lettres, des définitions, etc.

2. Les choses publiées dans *Dictionnaire Optimiste* viennent toutes de ce blog.

7. La forme noble et dominante de l'écriture c'est la forme longue : le roman, l'essai, etc. Sur internet c'est tout le contraire. On écrit vite, on lit vite, on voit vite. On poste d'abord et on avise ensuite.

9. Pierre Alféri dans *Chercher une phrase* nous dit que « Penser veut dire : chercher une phrase. » Mais une fois qu'on l'a trouvée, pourquoi garder les autres ?

12. Écrire court n'est pas nouveau. On connaît tous les haïkus, les proverbes, les aphorismes de Karl Kraus, les *Nouvelles en trois lignes* de Félix Fénéon, l'*Anthologie du vers unique* de Georges Schehadé, les *Brèves de comptoir* de Jean-Marie Gourio, l'*Autofictif* d'Éric Chevillard, les blagues, les rubriques du *Canard enchaîné*, etc. On connaît aussi ces textes longs qui sont des suites de phrases courtes : le *Tractatus logico-philosophicus* de Ludwig Wittgenstein, ou le *Je me souviens* de Georges Perec par exemple.

21. Internet favorise plus que jamais les écritures courtes et cette brièveté n'a pas atteint que l'écriture. Elle a aussi touché le cinéma, la vidéo, la conférence et même la photographie.

22. Le triomphe des youtubers, les webseries, de Bref, ou des conférences Pechas Kuchas vient de la brièveté de leurs formats.

25. Internet change notre façon de lire. Lire sur internet c'est lire vite beaucoup de choses différentes et passer sans cesse du coq à l'âne.

27. Tout pousse au court et avec les réseaux sociaux c'est pire : neuf fois sur dix nous partageons les titres d'articles que nous ne prenons pas le temps de lire.

29. Avec nos téléphones nous photographions, nous filmons, nous consultons, mais nous écrivons et nous lisons aussi beaucoup : des textos, des mails, des posts sur Facebook, etc.

31. Entre nos téléphones, nos ordinateurs et nos tablettes, nous n'avons sans doute jamais autant lu, ni autant écrit. Mais nous lisons et nous écrivons des choses rapides.

37. Le blog est la forme la plus contemporaine du livre.

39. Quand on écrit quotidiennement dans un blog, on ne sait pas a priori ce qu'on écrira le lendemain. On a parfois une forme, un format ou un thème que l'on développe au quotidien, mais fondamentalement, la seule chose dont on soit sûr c'est qu'on écrira quelque chose demain. Pas plus.

40. La quotidienneté des blogs conditionne la forme même de l'écriture. Il faut non seulement que le texte soit bref, mais il faut aussi qu'il soit autonome. Il faut que chaque post existe sans savoir ce qui viendra après, et en ne tenant pas compte de ce qui était là avant.

45. Quand on tient un blog, avec les années qui passent, on ne sait plus ce qu'on a posté. Heureusement le réseau n'oublie jamais rien.

48. Le succès des livres compilant des textes issus d'Internet est un signe de notre goût pour ces formes brèves qui ont la saveur et la légèreté de l'instant. VDM ou les tweets de Bernard Pivot en sont deux exemples parmi bien d'autres.

49. Passer d'un blog à son édition papier n'est pas une opération évidente. Contrairement à un livre, un blog ne se construit pas selon un plan préétabli. Un blog se fabrique au fur et à mesure sans savoir du tout ce qui viendra après.

52. L'ordre alphabétique du dictionnaire, nous garantit une indépendance totale entre les articles.
Dans un dictionnaire les mots sont totalement indépendants les uns des autres. Chacun vit tautologiquement avec sa définition. Que « gravats » côtoie « gratuit » n'a aucune importance.

63. Il ne faudrait pas croire que la dernière phrase d'un texte soit toujours sa conclusion.

121. ...

INTRODUCTION

par Charlotte Le Bon

C'EST UNE HISTOIRE D'AMOUR

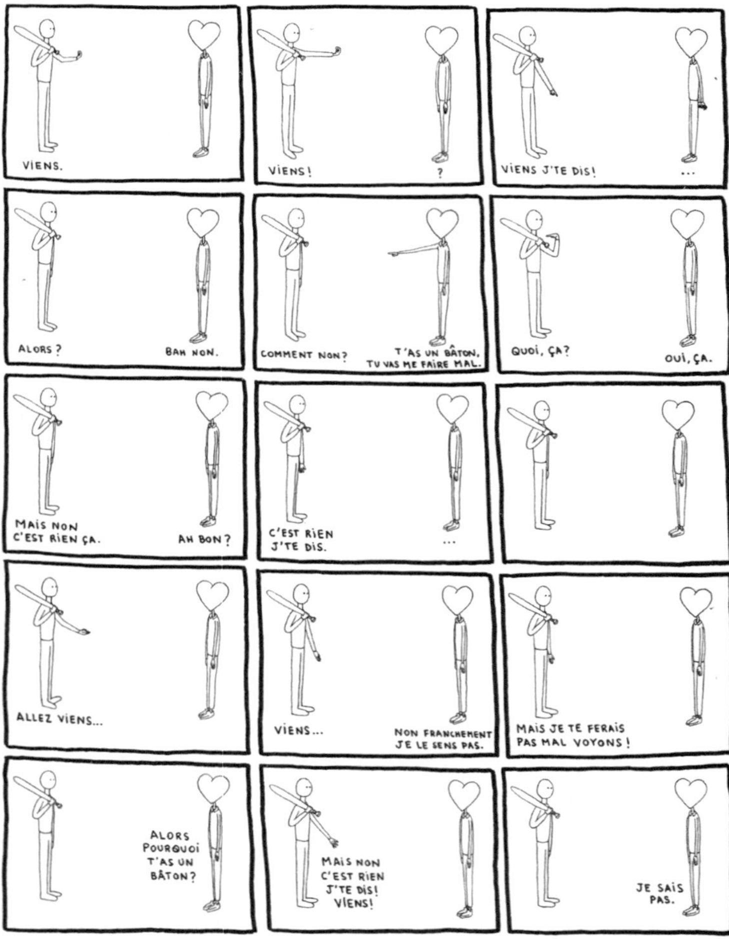
VIENS.
VIENS!
?
VIENS J'TE DIS!
...
ALORS ?
BAH NON.
COMMENT NON?
T'AS UN BÂTON, TU VAS ME FAIRE MAL.
QUOI, ÇA?
OUI, ÇA.
MAIS NON C'EST RIEN ÇA.
AH BON ?
C'EST RIEN J'TE DIS.
...
ALLEZ VIENS...
VIENS...
NON FRANCHEMENT JE LE SENS PAS.
MAIS JE TE FERAIS PAS MAL VOYONS !
ALORS POURQUOI T'AS UN BÂTON?
MAIS NON C'EST RIEN J'TE DIS! VIENS!
JE SAIS PAS.

SNIFF
PLEURE PAS.
MAIS TU NE VEUX PAS VENIR...
BON.
TU PROMETS QUE TU NE ME FERAS PAS DE MAL?
JE TE LE PROMETS.
PLUS PRÈS.
PLUS PRÈS.
COMME ÇA?
OUI.
COMME ÇA C'EST PARFAIT.
T'AVAIS PROMIS...
J'AI CHANGÉ D'AVIS.

Tout jeter.

Garder la poubelle.

ALCOOL

[alk¢l]. Subst. masc.

Automédication.

JE PENSE DONC JE FUIS.

CONVAINCRE

[kɔ̃vɛ̃:kʁ̥]. Verbe trans.

Mentir dans le but de créer une vérité.

– Si on t'annonçait que tu allais mourir demain, que ferais-tu ?

– J'irais me coucher.

OPTIMISTE
[ɔptimist]. Adj.

Qui, même à terre,
continue de tomber.

ciel
7
8
6
4
5
3
2
1
terre

ALPHABET
[alfabɛ]. Subst. masc.

Lettres formant parfois des mots,
formant parfois des lettres.

ou are here

You are here

You are here

You are here

You are here

You are here

You are here

You are here

You are here

You are here

You are here

You are here

You are here

You are here

You are here

You are here

You are here

You are here

You are here

You are here

You are here

You are here

You are here

You are here

You are here

You are here

You are here

You are here

You are here

You are here

You are here

You are here

You are here

You are here

You are here

You are here

You are here

You are here

You are here

You are here

You are here

You are here

ou are here

You are here

ÉCHOUER

[eʃwe]. Verbe trans.

Arriver dans un lieu inattendu puis s'y installer.

Nous échouions tous dans la vie en pleurant. On appelait cela la naissance. Et tous, de la fêter chaque année jusqu'à notre dernier souffle.

– Les plus belles histoires
sont celles qui ont une fin.

– Non. Les plus belles fins
sont celles qui ont une histoire.

RÉFLÉCHIR

[ʀefleʃiːʀ]. Verbe trans.

Faire usage de sa réflexion, exercer sa réflexion.

Il est communément admis
que l'homme réfléchit bien plus efficacement
lorsqu'il se place devant un miroir.

Madame, Monsieur,

Non, rien.

Cordialement.

ABÎMER

[abime]. Verbe trans.

Jeter au fond d'une cavité, d'un creux de l'espace terrestre, marin, cosmique, et faire disparaître définitivement.

Elle avait abîmé la voiture, lui, leur amour.
Ils étaient quittes.

I'LL
NEVER
LET
YOU
DOWN

CHAGRIN

[ʃagʀ ɛ̃]. Subst. masc.

Chance du débutant.

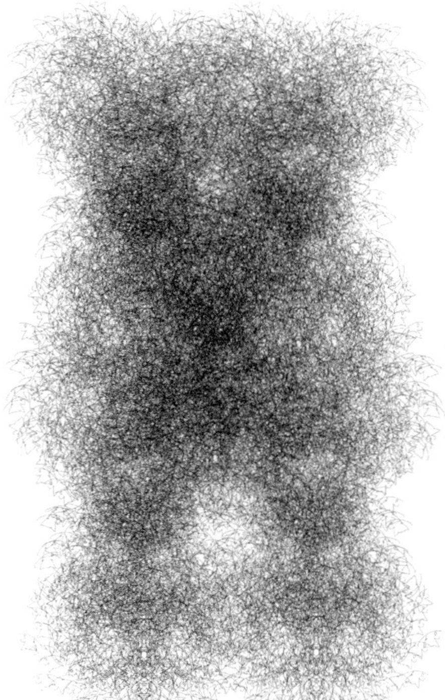

Liberté, liberté chérie.
Pas ce soir, j'ai la migraine.

PATIENT
[pasjɑ̃]. Adj.

Qui a, montre ou requiert de la patience.

L'homme avait attendu une vie entière
cet amour qui jamais ne revînt. Avec succès,
il avait accédé à cette folie qui faisait
aujourd'hui de lui un patient.

VIEILLESSE

[vjɛjɛs]. Subst. fém.

Beauté antérieure.

Vous
allez
mourir.

CRISE

[kʀi:z]. Subst. fém.

Situation de trouble due à une rupture d'équilibre dont l'issue est déterminante pour l'individu ou la société.

Au rythme où allait la crise, ils songeaient à transformer les autoroutes en trottoirs.

VOTRE AVENIR N'EST QU'UN MAUVAIS SOUVENIR.

15 février.

Ça y est, vous n'êtes plus obligés de vous aimer.

GÉNÉROSITÉ

[ʒeneʀozite]. Subst. fém.

Grandeur d'âme, oubli de soi,
qualité de celui qui est plus enclin à mentir
aux autres qu'à lui-même.

DIEU
[djø]. Subst. masc.

Ni clou, ni vice.

Scenario

- pour une COMÉDIE -

Ouverture
(prévoir une suite)

THE END

ÉCHELLE

[eʃ ɛl]. Subst. fém.

Système d'évaluation, de référence,
pour la mesure d'une grandeur abstraite,
d'un phénomène.

L'échelle de la peur se modifiait avec l'histoire,
et l'homme, ne craignant plus que le ciel
lui tombe sur la tête, se rendait malade à l'idée
qu'un gravillon ne se glisse subrepticement
dans sa chaussure.

VOUS
ETES
TOUS

PATERNITÉ

[patɛ ʀnite]. Subst. fém.

Mauvais coup ayant entraîné la vie sans intention de la donner.

ARCHITECTURE

[aʀ ʃitɛkty:ʀ]. Subst. fém.

Légende urbaine.

GENRE

[ʒ ɑ̃:ʀ]. Subst. masc.

Elle n’était pas si beau.

IL FAIT
BON VIVRE
MAIS
ÇA NE SE
MANGE
PAS

Je bois le verre à moitié plein.

Aussi est-il désormais tout à fait vide.

RETROUVAILLES

[ʀ ətʀuvɑ:j]. Subst. fém. plur.

Je serai vieux, tu me trouveras beau.

Tu seras beau, je te trouverai vieux.

PAIX

[pɛ]. Subst. fém.

Période pendant laquelle le nombre de conflits devient égal ou supérieur au nombre de combattants.

LIKEZ VOUS LES UNS LES AUTRES.

GRAVITÉ

[gʀavite]. Subst. fém.

Phénomène d'attraction d'un corps
vers le centre de la terre.

Sauter fait plus mal que tomber, mais moins longtemps. Aussi, le moins grave sera de rester couché (loi de la gravité).

Je ne voudrais pas avoir à le répéter.
Je ne voudrais pas avoir à le répéter.
Je ne voudrais pas avoir à le répéter.
Je ne voudrais pas avoir à le répéter.
Je ne voudrais pas avoir à le répéter.
Je ne voudrais pas avoir à le répéter.
Je ne voudrais pas avoir à le répéter.
Je ne voudrais pas avoir à le répéter.
Je ne voudrais pas avoir à le répéter.
Je ne voudrais pas avoir à le répéter.
Je ne voudrais pas avoir à le répéter.
Je ne voudrais pas avoir à le répéter.
Je ne voudrais pas avoir à le répéter.
Je ne voudrais pas avoir à le répéter.
Je ne voudrais pas avoir à le répéter.
Je ne voudrais pas avoir à le répéter.
Je ne voudrais pas avoir à le répéter.
Je ne voudrais pas avoir à le répéter.
Je ne voudrais pas avoir à le répéter.
Je ne voudrais pas avoir à le répéter.
Je ne voudrais pas avoir à le répéter.
Je ne voudrais pas avoir à le répéter.
Je ne voudrais pas avoir à le répéter.
Je ne voudrais pas avoir à le répéter.
Je ne voudrais pas avoir à le répéter.
Je ne voudrais pas avoir à le répéter.
Je ne voudrais pas avoir à le répéter.
Je ne voudrais pas avoir à le répéter.
Je ne voudrais pas avoir à le répéter.
Je ne voudrais pas avoir à le répéter.
Je ne voudrais pas avoir à le répéter.
Je ne voudrais pas avoir à le répéter.
Je ne voudrais pas avoir à le répéter.
Je ne voudrais pas avoir à le répéter.
Je ne voudrais pas avoir à le répéter.
Je ne voudrais pas avoir à le répéter.

INVERTI

[ɛ̃vɛ ʀti]. Subst. masc.

Homme préférant les femmes à poils.

Un homme inverti en vaut deux.

Si vous savez lire entre les lignes,

vous remarquerez qu'il est ici question de papier.

FOIRER

[fwaʀe]. Verbe trans.

Avoir la foi. Et se planter.

L'ŒUF OU LA POULE

Je me demande si Dieu a d'abord inventé
la météo, ou la conversation.

POTABLE
[pɔtabl]. Adj.

Qui, sans être parfait, est conforme aux bons usages de la bienséance, apte à devenir un pote.

« Mec, t'es vraiment pas potable. »
(Jésus à Judas).

Frapper à la porte,

soigner son entrée au Mercurochrome.

CHOIR

[ʃwa:ʀ]. Verbe trans.

Choisir de tomber.

AMOUR

[amu:ʀ]. Subst. masc.

Fleuve d'Asie qui s'étend sur 4 354 km
depuis la source de l'Argoun.

Tous les soirs, du haut du pont,
il pissait sur l'Amour.

FRÉQUENCE

[fʀekɑ̃:s]. Subst. fém.

Nombre de fois que se produit un phénomène dans un temps déterminé.

Trois fois par jour, puis trois fois par mois, puis trois fois par an, puis trois fois par jour avec un autre (fréquence des rapports).

PLAQUER (SE FAIRE)
[plake]. Verbe trans.

Fait de se retrouver violemment seul et à terre sur un terrain de rugby.

Livré à moi-même. Stop.
Colis perdu. Stop.

– J'ai l'air de quoi ?

– D'un homme heureux. D'un homme qui va en chier.

ET
AU PIED
DU MUR
JE ME
MIS
A
PISSER.

COUCHE-TÔT
[kuʃto]. Adj.

Homme ou femme de petite vertu.

Peut-être ne nous sommes-nous jamais
vraiment séparés.

Peut-être nous sommes-nous simplement aimés
avec d'autres.

Trouver sa moitié exige-t-il au préalable
de se couper en deux morceaux
de volumes équivalents ?

DEMAIN
REVE
GENERAL.

Réparer les corps.

Apaiser les esprits.

Détruire le monde.

SURDITÉ

[syʀdite]. Subst. fém.

Capacité d'abstraction de l'acuité auditive.

Plus je te regardais remuer des lèvres
plus je voyais ma surdité non comme
un handicap, mais comme un don.

VÉNÉRER

[veneʀe]. Verbe trans.

(Fam). Action de rendre vénère.

Arrête de mater ma meuf ou je me vénère.

J'irai twitter sur vos tombes.

DRAGUER

[dʀage]. Verbe trans.

Action de toucher le fond, puis racler pour en remonter d'éventuels déchets.

VOUS

ÊTES

LAS.

Il fallait prendre soin de nous.

Il fallait prendre soin du monde.

Il fallait faire un choix.

ILS

VÉCURENT

HEUREUX

ET EURENT

BEAUCOUP

D'AMANTS

Merci de ne pas jouer sur les mots.
Risque de chute.

JUSQU'OÙ PEUT-ON ALLER TROP LOIN ?

Tu es le soleil de mes nuits.

Inutile et gênant.

Tu existes trop.

LESS
IS
MORT

Prière de se deswaguer.

VIDE

[vid] Subst. masc.

Qui ne contient rien de concret.

À force de te déplacer à la vitesse du vide,
voilà que je ne peux plus te voir.

RIEN

[ʀjɛ̃]. Pronom ind.

Rien n'existe pas.

Un seul être vous manque,
et tout est surpeuplé de cons.

Pas de rage,
pas de chaos.

OUBLI

[ubli]. Subst. masc.

C'est à l'annonce de sa mort, que ses proches apprirent qu'il était toujours en vie.

PASSER
[pase]. Verbe.

Les années passent,
c'est dire si le temps est une pute.

L'AVENIR

C'ÉTAIT

MIEUX

AVANT

Ouverture sur le monde.
Stop.

Crise planétaire.
Stop.

La terre ferme.
Stop.

Ambiance glacée.
Stop.

Fondre en larmes.
Stop.

Une eau-de-vie.
Stop.

Nature morte. RIP.

DÉMOCRATIE

[demɔkʀasi]. Subst. fém.

Se battre pour des droits qui suppriment
le droit de se battre.

Proches et reproches.

AUTRE

[o:tʀ̥]. Pronom ind.

Parfois je voudrais être un autre.
Puis j'imagine que cet autre pourrait avoir
envie d'être moi. Et j'en tire alors,
je dois le reconnaître, une certaine fierté.

Plus de nuit,
Plus d'étoile.

Plus d'étoile,
Plus de soleil.

Plus de soleil,
Plus de jour.

Il y avait la lune blanche et le soleil noir.

C'était les jours gris.

J'errerai où tu iras.

Un peu.
Si tu tombes je te retiens.

Beaucoup.
Si tu tombes, je te rattrape.

Passionnément.
Si tu tombes, je tombe avec toi.

À la folie.
Il me suffit de te pousser.

On naît.
On fait des gâteaux au chocolat.
Parfois c'est raté, parfois pas.
Puis on meurt.

COUVERT

[kuvɛ:ʀ]. Subst. masc.

Ensemble constitué par tout ce qu'on dispose sur la table en vue du repas.

Chaque fois qu'ils se croisaient en cuisine
ils remettaient le couvert.

PRATIQUER

[pʀatike]. Verbe trans.

Mettre en application.

Mieux vaut croire en Dieu
et pratiquer en amour.

L'inverse mènerait au mieux au cimetière,
au pire au couvent.

Rien n’est impossible

sinon le monde.

VENGEANCE

[vɑ̃ ʒ ɑ̃:s]. Subst. fém.

Penchant irrésistible à rendre le mal pour le mal.

Aimer est déjà le début d'une vengeance.

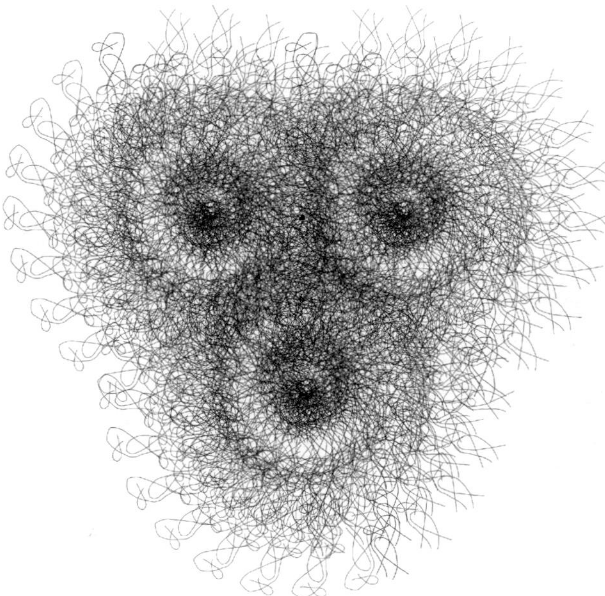

Je voudrais que quelqu'un
m'attende quelque part.

Et qu'il y reste.

Madame, Monsieur,

Veuillez.

Cordialement.

Je te ferai les yeux doux avec du papier de verre.

Mauvaise impression.

La vie vous sourit.

Elle se moque.

ENTERRER

[ɑ̃teʀe]. Verbe trans.

Mettre sous terre.

Je me demande où nous enterrerons le monde lorsqu'il mourra.

La vie continue.

La mort aussi.

Plus longtemps.

Plus près de l’infini. Plus près de l’infini. Plus près de l’infini.
Plus près de l’infini. Plus près de l’infini. Plus près de l’infini.
Plus près de l’infini. Plus près de l’infini. Plus près de l’infini.
Plus près de l’infini. Plus près de l’infini. Plus près de l’infini.
Plus près de l’infini. Plus près de l’infini. Plus près de l’infini.
Plus près de l’infini. Plus près de l’infini. Plus près de l’infini.
Plus près de l’infini. Plus près de l’infini. Plus près de l’infini.
Plus près de l’infini. Plus près de l’infini. Plus près de l’infini.
Plus près de l’infini. Plus près de l’infini. Plus près de l’infini.
Plus près de l’infini. Plus près de l’infini. Plus près de l’infini.
Plus près de l’infini. Plus près de l’infini. Plus près de l’infini.
Plus près de l’infini. Plus près de l’infini. Plus près de l’infini.
Plus près de l’infini. Plus près de l’infini. Plus près de l’infini.
Plus près de l’infini. Plus près de l’infini. Plus près de l’infini.
Plus près de l’infini. Plus près de l’infini. Plus près de l’infini.
Plus près de l’infini. Plus près de l’infini. Plus près de l’infini.
Plus près de l’infini. Plus près de l’infini. Plus près de l’infini.
Plus près de l’infini. Plus près de l’infini. Plus près de l’infini.
Plus près de l’infini. Plus près de l’infini. Plus près de l’infini.
Plus près de l’infini. Plus près de l’infini. Plus près de l’infini.
Plus près de l’infini. Plus près de l’infini. Plus près de l’infini.
Plus près de l’infini. Plus près de l’infini. Plus près de l’infini.
Plus près de l’infini. Plus près de l’infini. Plus près de l’infini.
Plus près de l’infini. Plus près de l’infini. Plus près de l’infini.
Plus près de l’infini. Plus près de l’infini. Plus près de l’infini.
Plus près de l’infini. Plus près de l’infini. Plus près de l’infini.
Plus près de l’infini. Plus près de l’infini. Plus près de l’infini.
Plus près de l’infini. Plus près de l’infini. Plus près de l’infini.
Plus près de l’infini. Plus près de l’infini. Plus près de l’infini.
Plus près de l’infini. Plus près de l’infini. Plus près de l’infini.
Plus près de l’infini. Plus près de l’infini. Plus près de l’infini.
Plus près de l’infini. Plus près de l’infini. Plus près de l’infini.
Plus près de l’infini. Plus près de l’infini. Plus près de l’infini.
Plus près de l’infini. Plus près de l’infini. Fini.

L’amour est mort.

Le lit est vide.

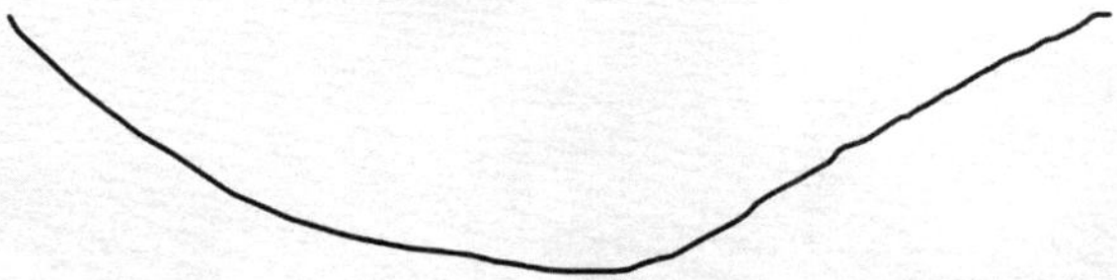

Il est grand temps de tirer un trait.

Les fantômes parlent aux fantômes.

Personne ne les écoute.

PARFOIS JE SUIS PARFOIS PAS.

D’amour et d’eau fraîche.

Cause du décès : noyade.

NUANCE

[nɥ ɑ̃:s]. Subst. fém.

Je ne tombe pas.

J'apprends le sol.

On se parle.

On s'écrie même.

PRUDENCE

[pʀydɑ̃:s]. Subst. fém.

Est-il bien prudent de vouloir refaire le monde alors qu'on ne maîtrise même pas la cuisson des cupcakes ?

Et nous remplacerons l'amour
de ce qui nous manque
par la haine
de ce qu'il nous reste.

TU N'ES

QU'UN

DIMANCHE

CHIEN

[ʃjɛ̃]. Subst. masc.

Il faut appeler un chat, un chat.
Surtout si c'est un chien.

L'air de rien,

on étouffe.

Le bonheur est à portée de mains dans la gueule.

PARFAIT

[paʀfɛ]. Adj.

Qui est totalement terminé.

Cf. l'amour parfait.

FONDER

[fɔ̃de]. Verbe. trans.

Créer des conditions sociales, professionnelles et familiales favorisant l'aptitude de l'individu à toucher le fond.

Le plus simple avec l'amour est de ne pas trop chercher à comprendre ce que c'est.

Le confondre avec tout et n'importe quoi étant le seul moyen efficace de le trouver.

– Tu penses à quoi ?

– À rien.

– Et comment fais-tu pour ne penser à rien ?

– Je pense à toi.

CE N'EST RIEN VOILA TOUT.

J'ai fait de notre rupture
ma plus belle histoire d'amour.

VOUS OBSERVEZ LE SILENCE.

Tu t'ennuies quand je la ferme, je m'ennuie quand tu l'ouvres.

On est fait pour s'entendre,
pas pour s'écouter.

Scenario

- pour une comédie romantique -

(Ils se rencontrent).

- NON
- OUI
- NON
- OUI
- NON
- OUI
- NON
- OUI MAIS
- NON
- OUI

(Ils se marient).

THE END

VENIR

[vəni:ʀ]. Verbe intrans.

Allez viens, on y va. On va et on vient, puis je viens et tu y vas.

Il n’y a pas de Dieu,

il n’y a pas d’amour,

mais nous,

nous sommes bien là.

Moi aussi un jour, je serai riche,
célèbre et drogué.

HOMME

[ɔm]. Subst. masc.

« Soit il est l’homme parfait, soit il simule bien. Je ne crois pas à l’homme parfait, donc je pense qu’il simule. Ce n’est pas tant un problème s’il simule longtemps, car l’homme parfait, c’est finalement celui qui simule bien et longtemps, non ? »

GRATTE-CIEL

[gʀatsjɛl]. Subst. masc. inv.

– On a construit nos villes d'amours perdus ?

– On a construit nos vies d'amours imaginés.

– De haut en bas.

Je reviens tout de suite.

Adieu.

Et les amoureux de la pierre
m'appelleront mon cœur.

Les réussites finissent tôt ou tard
par devenir des échecs et les échecs, des réussites.
Mais les riens du tout
ont tendance à rester des riens du tout.

Fallait-il vraiment étudier l'architecture

pour simplement construire des ruines ?

UN DE TROUVÉ,

DIX DE PERDUS.

GÉNIE

[ʒeni]. Subst. masc.

Ces gens à qui l'on répète à l'envi,
qu'ils sont géniaux, commettent
généralement deux erreurs ;
d'abord de croire que c'est vrai,
ensuite de penser que c'est exceptionnel.

Tu mériterais de finir tes jours
dans une chanson de Pascal Obispo.

Bisou.

Ils savaient qu'ils allaient mourir,

alors ils mouraient.

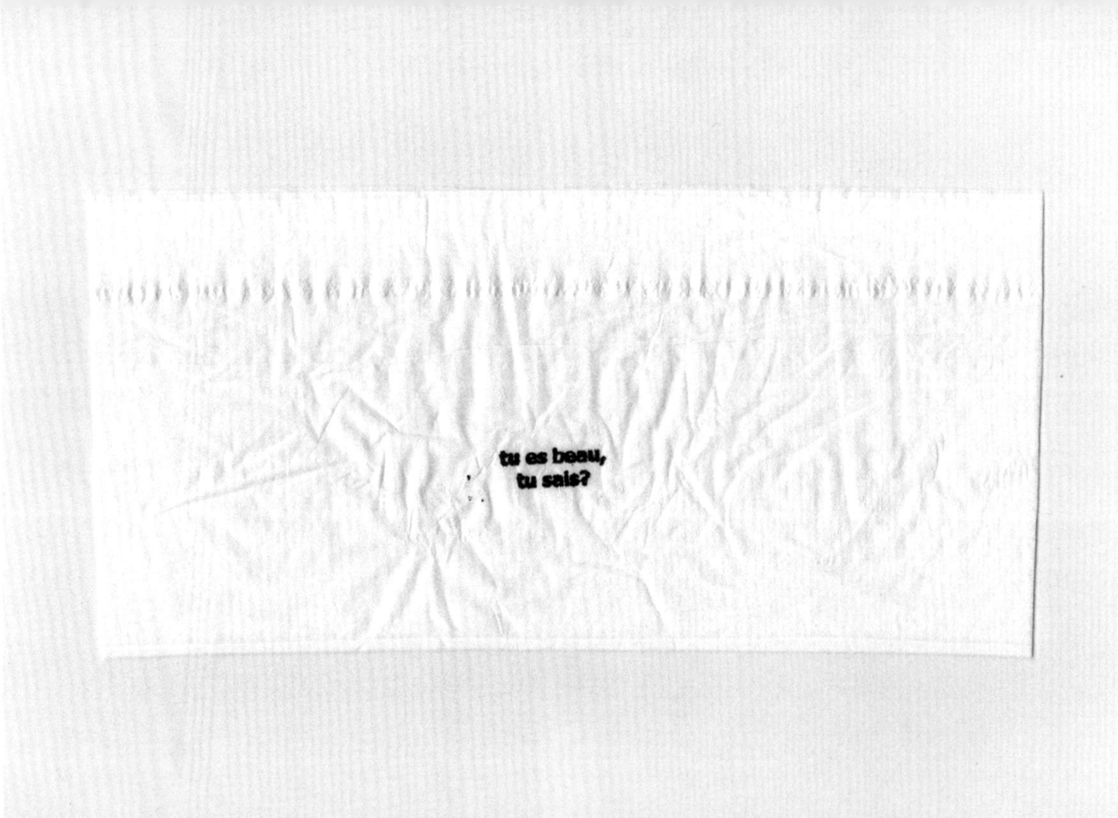
tu es beau,
tu sais?

CONTRAIRE

[kɔ̃tʀ ɛ:ʀ]. Subst. masc.

On dit beaucoup de choses.
On fait souvent le contraire.

Ou inversement.

PERSONNE

[pɛ ʀsɔn]. Pronom.

Ce que je ne sais pas,

je le sais de source sûre puisque personne ne me l'a dit.

MATURITÉ

[matyʀite]. Subst. fém.

Il était d'une grande maturité,
d'aucuns le disaient précoce,
d'autres, pourri.

ET BIEN DANSEZ MAINTENANT

J'écrirai trois lettres. Trois lettres d'amour.
Et je les enverrai. En même temps.
Et j'attendrai.

Si aucun ne me répond, je fanerai. Ressassant
ma frustration. Chassant les amoureux
de mon œil torve. Glorifiant Françoise Hardy.

Si un seul me répond, je lui promettrai
un amour éternel. Sans faille. Sans mesure.
Sans réserve. Sans retour.

Si deux me répondent, ils s'annuleront,
et je les oublierai. Je me focaliserai
sur le dernier. Le silencieux. Je sombrerai.
Petit à petit. Je voudrais savoir. Tout savoir.
Sans rien comprendre. Sans rien accepter.
Je me demanderai s'il y a quelqu'un d'autre
et ce qu'il lui trouve. Je me sentirai rejeté.
De ce rejet, je nourrirai ma haine.
De cette haine, je nourrirai ma folie.
Et de cette folie, mon art.

Et si trois me répondent,
j'en enverrai trois nouvelles.

Il était celui
que j'avais le moins aimé,
sûrement le seul
que j'avais aimé.

PEINE PERDUE JOIE RETROUVEE

SOUVENIR

[suvni:ʀ]. Subst. masc.

Il faut lui reconnaître une certaine discrétion. Je ne l'ai pas vu arriver, je ne l'ai pas vu repartir. Il n'était pas là, puis il n'était plus là. Un constat avant, un constat après. Et tous de répéter ces mots : «J'ai aimé.» C'est ce qu'il nous reste de choix et de souvenir à la fois. Nous avons connu l'amour, mais n'avons jamais eu vraiment le temps de nous en rendre compte.

L'amour comme degré zéro de la passion.
Nous étions là, non pour l'autre, mais avec l'autre.
Nous regardions passer la vie, à deux et en partagions
l'ennui, comme la coexistence de plantes vertes.
D'autres, nous les voyions, avaient besoin
de ce qu'ils appelaient la passion.
Finalement c'était la même chose, sauf que ces plantes
étaient carnivores.

PARENT

[paʀ ɑ̃]. Subst. masc.

Il levait sa cuillère de purée et visait sa sœur. Alors je comprenais qu'aucun parent ne s'était jamais vraiment inquiété des petits Africains. On ne jouait pas avec la nourriture parce qu'il fallait nettoyer derrière. C'était tout. On recyclait nos idéaux dans une logique du quotidien. Rien ne se perd, rien ne se crée, tout se déforme. Il n'y avait de pire abandon que devenir parents.

Je rêve parfois que j'enfile des talons, façon Spice Girls, grande époque wannabe. Je danse sur de la musique de pucelle, je fume, en écartant les doigts comme la belle, vertueuse, écarte ses cuisses, et ma fumée, dressée, accompagne ces mots : « Tu vois, la vie ça ne doit pas être plus compliqué que ça. » Mais non, chaque matin le réveil sonne et la réalité frappe. En me rasant, je me vois Président.

Nicolas S.

Je hurlais au beau milieu de la nuit, et le regardais se réveiller en sursaut. Est-ce que tu m'aimes, je lui demandais aussitôt. J'entamais alors chaque fois un peu cet amour, mais j'avais au moins le bonheur de sa certitude, sinon celui de son éternité.

EAU

[o]. Subst. fém.

L'eau est un problème. L'eau est le problème. L'eau est toujours le problème. L'homme est composé à soixante-cinq pour cent d'eau.

L'eau est au moins soixante-cinq pour cent du problème.

HABITUDE

[abityd]. Subst. fém.

Et comme d'habitude, ce qu'il se passera, c'est qu'il ne se passera rien.

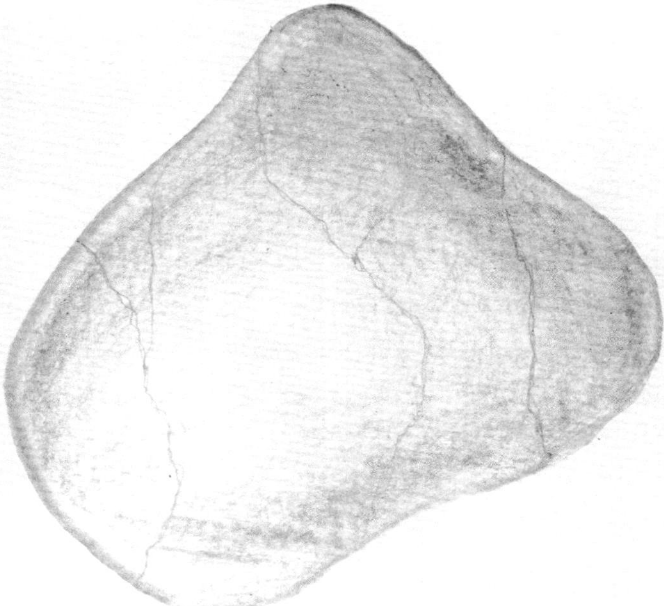

Mon amour, je ne sais pas trop qui tu es
ni à quoi tu ressembles. Bien sûr, je sais que
je te déteste déjà, puisque je t'aime sans
condition, au sens, vital, et que tout ce qui est
vital est mortel, par définition.

Mon amour, nous ne nous connaissons pas
encore, que tu cherches déjà à me tuer.
Je ne le prends pas mal, d'ailleurs moi aussi
parfois, je ne me supporte pas. Je te propose
d'avancer solidairement contre moi, en plus
de la victime, je t'apporterai les armes.

Mon amour, je sens le combat approcher,
ce combat qui nous unira, à la vie, à ma mort.
Mon âme est déjà martyre de t'imaginer
et si je ne te rencontrais pas, je te chercherais
inlassablement pour me perdre.

Mon amour, tu n'es pas quelqu'un de bien,
je le sais, puisque je t'ai inventé.

Scenario

- pour un THRILLER -

- C'EST LUI
- C'EST LUI
- C'EST LUI
- C'EST LUI
- C'EST LUI
- C'EST LUI
- C'EST LUI
- C'EST LUI
- C'EST LUI
- C'EST LUI

Ah non, c'était pas lui.

THE END

Nous aimer par les fesses et nous le dire
par la bouche, ce n'était pas vraiment très propre.

Si l'homme peut-être bon ?
Je suis l'un des derniers à le croire.

Hannibal Lecter.

CONVICTION

[kɔ̃viksjɔ̃]. Subst. fém.

Sinon l'amour, nous appellerons les convictions qui durent, des erreurs.

RIEN
NE
CHANGE
PAS

– On s'aime ?

– Oui.

– Alors on peut tout se dire ?

– Oui.

– Je peux te dire que je veux que tu reviennes ?

– Oui. Mais je ne suis jamais parti.

– Non.

– Donc tu voudrais que je parte ?

– Oui.

– Pour mieux me voir revenir ?

– Il ne faut pas toujours écouter ce que je dis.

Mon amour,

La fin de moi va être difficile.

Bisou.

– Toujours pas mort ?

– J'attends d'abord.

– Attendre c'est mourir un peu.

– En attendant de mourir, je meurs alors.

Nous faisions l'amour à l'envers et par générosité, nous nous étions appris par cœur, jouant la comédie de l'envie. J'avais le beau rôle, j'étais l'aveugle, lui le sourd. Entre le lit et le sol, le monde s'inversait, et l'ennui des draps faisait place à la joie des mots. Alors, nous nous couchions tard et nous levions tôt.

Nous avions toujours eu de quoi vivre, jamais de quoi nous aimer, mais nous nous étions trouvés et comme par respect pour le hasard, nous nous supportions. Il m'avait appris à aimer les gens, je lui avais appris à aimer la vie. Là où les autres s'imaginaient d'emblée comme des certitudes nous nous considérions plutôt comme une possibilité. Avec le temps la possibilité se changeait en certitude, et les certitudes, en erreurs. Nous exercions ensemble ce métier, le pire : rester vivant.

BONJOUR TRISTESSE

Je fais toujours ce même rêve : je prends
le petit-déjeuner avec Françoise Sagan,
il semble que nous n'ayons rien à nous dire,
chacun plus obsédé par le fond d'une tasse
à café qui sent le whisky. D'un coup
elle relève la tête, comme pour dégainer
la première, puis me dit bonjour.

VÉRITÉ

[veʀite]. Subst. fém.

Dieu n'était pas architecte mais facteur.
Marie attendait une lettre et s'ennuyait.
En amour, il n'y a pas de vérité.

Je lui annonçais que j'allais mourir.
Il me répondait que ça allait passer.

MOITIÉ

[mwatje]. Subst. fém.

L'une des parties égales d'un tout divisés en deux.

Prenez cette orange et coupez-la en deux.
Dès lors, que peut-on dire de l'amour, sinon
que deux moitiés ne formeront plus jamais un tout,
particulièrement après avoir tant bu son jus.

Scenario

- pour un film X -

(Un homme entre).

- HAN
- HA
- HAN
- HA
- HAN
- HA
- HAN
- HA
- HANNNN
- HAHHHHH

(L'homme sort).

THE END

Oublier tout
Rester prostré
Ne plus bouger
Jamais plus bouger
Rester là
Caché
À ne plus bouger
Sous la couette
protégé
Espérant qu'on m'oublie
Là
Sans broncher
Oublier qu'on m'oublie
Tant
Que tout penche
Que tout c'est moi
Surtout toi
Que je n'oublie pas
Moi que j'efface
Nous que je bois
Que je bois tout
Que j'efface
Au bout de rien
C'est mon sang que je bois
C'est le tien que je vois
Ton corps c'est une faim
Et la nuit qui me broie
Mon amour c'est une soif
Qui me noie

Ce pays porte un prénom, un douloureux
prénom. Il n'y résiste aucun souvenir sinon
celui de cet amour né et mort instantanément.
C'est un désert sans sable, que nous avons
traversé les yeux bandés par nos bras.
De cette violence du vide il ne reste rien.
Je n'ai pas aimé ce pays. J'ai aimé en ce pays.
Et il n'existe plus.

Écrire, c'est tuant.

Ghislaine Marchal, 1991.

FEMME

[fam]. Subst. fém.

J'entendais mon père répéter que c'était
à la femme de tenir la maison et je m'inquiétais
pour ma mère, lui proposant chaque matin
mon aide plutôt que de partir pour l'école.
Chaque soir je rentrais et me réjouissais
de trouver la maison debout et ma mère
vivante. Alors quand mes copains vantaient
la force de leurs pères, je souriais. Ma mère,
qui de ses petits bras tenait la maison,
les éclatait.

Si je me pose des questions sur nous ?
Bien sûr.
Tous les jours.

Si nous ferons l'amour avant ou après le déjeuner, par exemple.

CEUX
QUI
CROIVENT
FONT
ERREUR.

L'ÉLAN

– À mon âge je voudrais construire quelque chose. Et je voudrais le construire avec toi.

– Je ne peux que te suivre alors.

– Oui mais quoi ? Que peut-on construire ensemble ?

– Un désert. On pourrait construire un désert. Ensemble.

– Oh oui, belle idée. Un désert. C'est simple, romantique et tellement aventurier.

– En effet, une belle aventure. Et bien commençons. Tout de suite.

– Je suis tout excité. Par quoi commence-t-on ?

– D'abord, il faut tout quitter, partir loin, puis arrivés là-bas, tout détruire.

– Ah oui quand même ! Et après ?

– Après ? Rien. Juste toi et moi. Simple, romantique et tellement aventurier.

– Ah. Le désert quoi. Plutôt demain, non ?

Cette lettre de rupture ne dit rien,
mais elle n'en pense pas moins.

LE LOUP

– Quelque chose ne va pas ?

– Je crois que c'est la fin.

– La faim ?

– Exactement.

– Déjà ?

– Je crois oui. Ça ne prévient pas.

– Tu crois ? C'est pourtant simple à savoir.

– C'est certain. Mais je ne suis pas sûr.

– Peut-être devrions-nous dîner ?

– Ça ne réglerait pas le problème.

– Je suis de ceux qui pensent que lorsque vient la faim, il faut manger.

– C'est un peu naïf. Nous pouvons essayer. Mais ça ne te rend pas triste ?

– Je ne m'arrête pas à ce genre de détail.

– J'aime ta simplicité. Je sens la fin s'en aller.

– Mais tu m'as ouvert l'appétit.

ET PUIS AU PIRE ON MEURT.

AUTO-REVERS

Pièce en un acte, une scène.
Personnages : LUI et ELLE
Décor : un banc public.

ACTE 1, SCÈNE 1

LUI : Je préfère qu'on en reste là.
ELLE : Mais on ne se connaît pas.
LUI : Justement.
ELLE : Vous allez bien, vous êtes sûr ?
LUI : Ce n'est pas toi, c'est moi.
ELLE : Vous êtes fou monsieur.
LUI : Et voilà, les reproches, déjà.
ELLE : Pas du tout, c'est une belle folie.
LUI : Alors vous m'aimez un peu ?
ELLE : Certainement. Mais je préfère qu'on en reste là.
LUI : Mais on ne se connaît pas.
ELLE : Justement.
LUI : Vous allez bien, vous êtes sûre ?
ELLE : Ce n'est pas toi, c'est moi.
LUI : Vous êtes folle madame.
ELLE : Et voilà, les reproches, déjà.

FIN.

JE ME
SOUVIENS
DE TOUTE
LA
BEAUTE
DE
DEMAIN

Toujours rien.

Encore rien.

Plus que moins que rien.

Encore plus rien.

Progresser, redresser, voir. Mais rien.
Avant tout, rien.

Entendre, signifier, compatir. Mais rien.

« Anne, ma sœur Anne, ne vois-tu rien venir ? »
Non. Rien.

Et puis la mort.

Mais la mort ce n'est rien,
puisque l'absence de tout.

Oui, rien venait bien.

À toute vitesse. Rien.

Personne.

FIDÉLITÉ

[fidelite]. Subst. fém.

Je préfère un infidèle à un incapable. Surtout si l'incapable est incapable d'être fidèle.

ENFANT

[ɑ̃fɑ̃]. Subst. masc.

L'enfant imagine, l'adulte comprend.
Aussi, l'enfant qui imagine davantage
fait un adulte qui comprend davantage.
Certes plus intelligent mais forcément plus déçu.

LE PÈRE NOEL VOUS MENT LES PARENTS N'EXISTENT PAS.

EN ATTENDANT D'ATTENDRE GODOT

Pièce en un acte, une scène.
Personnages : L'UN et L'AUTRE.
Décor : Un banc.

– Ça commence, le mec arrive.
– Pourquoi arrive-t-il ?
– Il faut bien un début.
– C'est un peu précipité.
– Tu penses qu'il ne devrait pas arriver ?
– Il faut répandre l'intrigue, non la tarir avec une entrée superflue.
– Mais alors comment les spectateurs sauront qu'il n'arrive pas ?
– Parce qu'il ne sera pas là.
– Et comment sauront-ils qu'il devait arriver ?
– C'est à eux de le sentir. Tu ne peux pas leur mâcher tout le travail.
– Tu as raison. Mais ils vont se demander pourquoi il n'arrive pas.
– On s'en fout, puisqu'il n'arrive pas.
– C'est vrai. Alors ça devient l'histoire d'un gars qui n'arrive pas.
– Oui, mais en filigrane. On ne doit pas le savoir.
– Donc il ne se passe rien.
– C'est un bon début.

FIN

Va.
Vis.
Reviens.

– En amour, il faut accepter
qu'il y ait des choses à savoir
et d'autres à ignorer.

– Et en l'espèce, que faut-il savoir ?

– Qu'il m'aime.

– C'est le principal.

– Exact.

– Alors que faut-il ignorer maintenant ?

– Que ce n'est pas vrai.

BELLE
[bɛl]. Adj.

Se faire la belle.

Se faire belle.

Faire sa belle.

Les mots sont le dernier refuge de la laideur.

VIVANT
[vivɑ̃]. Adj.

Il m'avait demandé de lui donner une seule bonne raison de l'aimer. Je répondais qu'il était vivant. Mais on ne sauve pas un requin de la noyade en lui faisant du bouche-à-bouche. Il est mort peu après. Il aimait bien me contredire je crois.

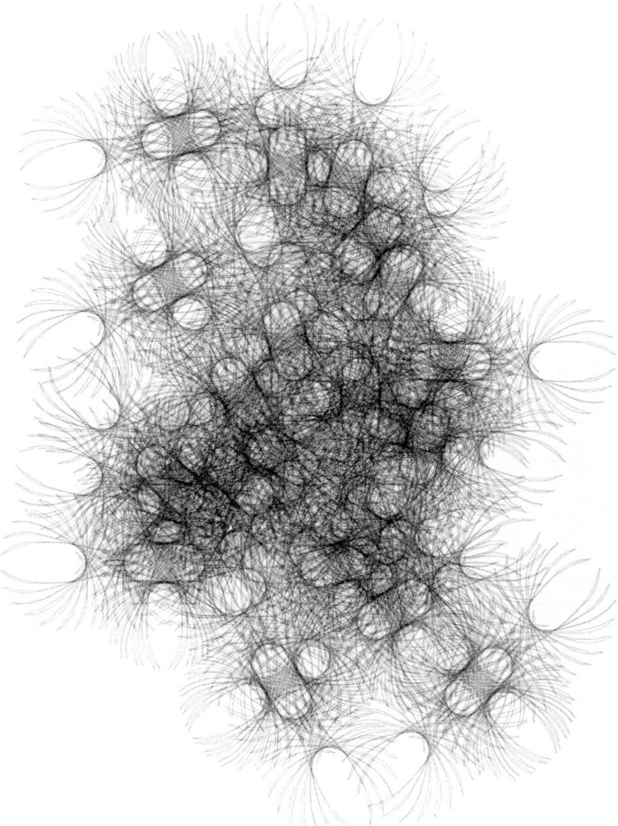

INTIMITÉ

[ɛ̃timite]. Subst. fém.

Vie intérieure profonde.

Nous partagions le bain et nous regardions faire pipi. Dans cette vie aquatique, nous avions des projets. Nous laissions les choses qui fâchent pour le moment de se brosser les dents. Rien n'est dramatique quand on a la brosse dans la bouche et les mots qui moussent. Puis, libres de toute odeur, nous oubliions les paroles et nous concentrions sur la langue, seule, avec cette fierté de la fraîcheur. La nuit, nos corps pouvaient former l'alphabet entier, et à chaque instant nos bras restaient ouverts à l'autre, au cas où une envie, un cauchemar, se pointait sans crier gare. Au matin nous nous serrions tout aussi fort, mais sans un mot. Tout juste un baiser, sur la joue, en prenant soin de ne jamais laisser passer aucun souffle. Protéger l'autre du monde et de notre haleine, c'était ça le secret de l'intimité.

a m o u r h a c h é

En art, *Sans titre* est le titre le plus couramment utilisé.

FIÈVRE

[fjɛ:vʀ̥]. Subst. fém.

Je crois que mon corps souffre
de n'être qu'un corps.
Je crois qu'il jalouse secrètement
mon esprit.

Ce qui est fait n'est plus qu'à défaire.

LES ANNEES
PASSENT
MAIS
JE NE ME
RESSEMBLE
PAS.

INFINI

[ɛ̃fini]. Subst. masc.

L'infini pourra toujours être commencé, personne n'aura le courage que de vérifier jusqu'au bout.

N’est-ce pas une part tout à fait incestueuse
de nous-même qui nous pousse
à rechercher l’âme sœur ?

RACISME

[ʀasism̥]. Subst. masc.

Je n'ai rien contre l'existence vous savez.
Pour preuve, j'ai même un très bon ami vivant.

DEFENSE DE S'AFFICHER.

ABSCONS
[ab̥skɔ̃]. Adj.

L'importance n'est pas qui je suis,
mais qui je ne dois pas savoir être.
Qu'est-ce que le bonheur sinon une gestion parfaite de l'ignorance ? Sa complexité réside alors dans cette double exigence que de savoir ce qu'il faut ignorer tout en ignorant qu'on l'ignore.

Surtout, ne parlez jamais aux inconnus
avec qui vous couchez.

Maman.

JEU

[ʒø]. Subst. masc.

Malheureux au jeu, heureux en amour. D'où cette constante hésitation face au jeu de l'amour.

Tu auras réussi cet exploit que d'être seul
et mal accompagné.

Le meilleur était ce qu'il restait. C'était la fin. Nous avions toute la vie devant nous. Nous avions toute la fin devant nous.

CULPABILITÉ

[kylpabilite]. Subst. fém.

Nous avons beaucoup ri aujourd'hui.
Je me demande s'il existe un mot
pour exprimer la souffrance de ne pas souffrir,
sinon la culpabilité.

Je ne suis pas le ventre, je ne suis pas le ventre.
Je ne suis pas la tête.
Je ne suis pas l'épaule. L'honneur et l'insouciance
jusqu'à l'ennui.
Je ne suis pas le ventre.
Je ne suis pas la tête.
Je ne suis pas l'épaule.
Je suis le corps.
Le corps, amoureux.
En face, la parole.
La parole qui fuite, la parole qui s'enlise.
Elle me fait rire, elle se fait beau, la parole.
Elle illumine, et éteint.
La parole tue.
Elle tue le ventre.
Elle tue la tête.
Elle tue l'épaule.
Elle rase, et esquive.
Reste le corps encore.
Le caverneux qui jouit. L'amoureux qui meurt.

Je constatais qu'il me fallait en moyenne
trois jours pour prendre une relation au sérieux,
puis trois ans pour considérer la rupture
comme réellement établie.
Cela menait indéniablement à une forme de polygamie.
Une polygamie fictive, une polygamie par déni.

C’est le printemps.

Le langage fleurit.

Putain.

POIDS

[pwɑ]. Subst. masc.

Pression, exercée vers le bas par un corps physique soumis à la gravitation.

Nous étions précisément convaincus qu'étant donné le poids de la vie, tout homme finissait un jour par souffrir d'obésité morbide.

VOLONTÉ

[vɔlɔ̃te]. Subst. fém.

Je fais ce que je veux. Si c'est ce que tu veux.

Mon amour,

Bien sûr je ne te demande pas d'être sincère,
seulement d'être convaincant.

Merci.

DÉFENDRE

[defɑ̃:dʀ̥]. Verbe trans.

Interdire un lieu, son approche ou son accès.

Ils avaient tour à tour défendu le Royaume,
l'Empire et la République.

En élite, entre amis, presque en famille,
ils se sont mis à défendre la loi, les idées, la foi,
la justice, puis la liberté.

Défendre et attaquer. Investis de droit, avec
moyen, par absolue nécessité, ils étaient résolus
à défendre. Enfin, avaient-ils excellé,
dans le plus parfait silence, à défendre la vérité.

Tout est amour.

Rien n'est à moi.

SILENCE
[silɑ̃:s]. Subst. masc.

Langue universelle.

MUR

[my:ʀ]. Subst. masc.

À quoi ressemblerait l'art si nous n'avions inventé les murs ?

À quoi ressembleraient les murs si nous n'avions inventé l'art ?

Je me suis encore mis dans de beaux bras.

ARRETEZ DE PARLER MOINS FORT.

Ça doit s'ennuyer une pierre.

Une chaise.

Ce ne sont pas les hivers qui sont trop longs,

ce sont vos cœurs qui sont trop froids.

Partir c'est mourir un peu.

Surtout si l'on crève en route.

ADULTÉRER

[adylteʀe]. Verbe trans.

Dégrader une substance pure en y mêlant
une ou plusieurs substances étrangères
de moindre qualité.

– Je suis la vérité, dit la vérité.

– Moi aussi, dit le mensonge.

– Alors qu'est-ce qui nous différencie ?
Demande la vérité.

– Et bien moi, je suis vraiment la vérité,
répond le mensonge.

PAPILLONS

[papijɔ̃]. Subst. masc.

Insecte lépidoptère pourvu d'ailes colorées à écailles fines et poudreuses.

Amoureux, il avait des papillons dans le ventre.
Végétarien, il dut y mettre un terme.

ART

[a:ʀ]. Subst. masc.

Ensemble de procédés conscients par lesquels l'homme tend à une certaine fin, cherche à atteindre un certain résultat.

La vie est un art, la mort, une exposition. Parfois il n'y a personne au vernissage.

JE SENS MON CORPS BATTRE.

Des gens meurent tous les jours.

Ils doivent se lasser à force.

SELFIE

[sɛlfi]. Subst. masc.

Art pauvre.

BONNE

[bɔn]. Adj.

Qui répond positivement
à ce qui est attendu d'elle.

Il espérait franchement qu'une fille, un jour,
répondrait " Merci, c'est gentil "
lorsqu'il lui lancerait " Hey, t'es bonne ".

Dis-moi qui tu aimes.

Je te dirai qui tuer.

RÉPARTIR

[ʀepaʀti:ʀ]. Verbe trans.

J'ai fait ta vaisselle. J'ai fait ma valise.

Rien ne sert de tomber,

il faut partir à point.

Vous n'allez pas mourir de lire.

MARIAGE

[maʀja:ʒ]. Subst. masc.

Solde de tout conte.

DEUIL
[dœj]. Subst. masc.

Peine de mort.

Parfois je voudrais te traiter de pute

puis c'est je t'aime qui sort.

DOUTE

[dut]. Subst. masc.

Plus je suis malade, plus je t'aime.
Ou peut-être que plus je t'aime,
plus je suis malade.

Le passé nous frappe
et c'est l'avenir qui saigne.

– On s'est rencontré et aimé.
On a vécu et voyagé ensemble.
On s'est séparé, haï et ignoré.
Et maintenant ?

– On fait connaissance.

MINIMALISME
[minimalism̭]. Subst. masc.

Attitude ou tactique consistant à faire le minimum de mal.

Je voudrais
ne pas savoir
que le monde
n'est pas
ce que je crois
qu'il est.

FIN

[fɛ̃]. Subst. fém.

Projet à long terme.

www.editionsduchene.fr

Direction générale : Fabienne Kriegel
Responsable éditoriale : Laurence Lehoux
Suivi éditorial : Aline Abou Saad
Direction artistique : Sabine Houplain,
assistée d'Élodie Palumbo et de Julie Delzant
Mise en pages et couverture : Cerise Heurteur
Relecture-correction : Eloïse Tétaud et Elma Ziane
Fabrication : Marion Lance et Anne-Laure Giret
Partenariats et ventes directes : Mathilde Barrois
(mbarrois@hachette-livre.fr)
Relations presse : Hélène Maurice (hmaurice@hachette-livre.fr)
Photogravure : Quat'coul

Édité par les Éditions du Chêne
(58 rue Jean Bleuzen 92178 Vanves Cedex)
Achevé d'imprimer en septembre 2016 par Grafica Cayfosa
Dépôt légal : mars 2017
ISBN 978-2-81231-564-0
31/1973/9-02